IA
COMPORTEMEL
MOTIFS

Des algorithmes aux actions : exploration des
modèles comportementaux des systèmes d'IA

© 2024 par Arlo Whitford . Tous droits réservés .

Aucune partie de cette publication ne peut être reproduite, distribuée ou transmise sous quelque forme ou par quelque moyen que ce soit, y compris la photocopie, l'enregistrement ou toute autre méthode électronique ou mécanique, sans l'autorisation écrite préalable de l'éditeur, sauf dans le cas de brèves citations incorporées dans des critiques critiques et certaines autres utilisations non commerciales autorisées par la loi sur le droit d'auteur.

TABLE DES MATIÈRES

INTRODUCTION : L'ÉMERGENCE DES MODÈLES COMPORTEMENTAUX DE L'IA 7

    Aperçu de l'IA et de son rôle évolutif dans la société humaine ... 7

    Pourquoi il est important de comprendre le comportement de l'IA 9

    L'impact du comportement de l'IA sur les industries et la vie quotidienne 11

PARTIE 1 : FONDEMENTS DU COMPORTEMENT DE L'IA 17

    Comprendre les modèles comportementaux en IA 17

    Définition du comportement dans le contexte de l'IA 17

    Comment les systèmes d'IA apprennent et imitent le comportement 20

    Algorithmes et méthodologies clés derrière les comportements de l'IA 23

LA SCIENCE DE LA PRISE DE DÉCISION PAR L'IA 28

    Comment les systèmes d'IA traitent les informations et prennent des décisions 28

    L'apprentissage par renforcement et son rôle dans la formation du comportement 31

    Études de cas sur la prise de décision en IA dans des applications concrètes 34

LE RÔLE DES DONNÉES DANS LA DÉFINITION DU COMPORTEMENT DE L'IA 37

IA PILOTÉE PAR LES DONNÉES : DES DONNÉES BRUTES AUX MODÈLES COMPORTEMENTAUX 37

BIAIS DANS LES DONNÉES ET LEUR IMPACT SUR LE COMPORTEMENT DE L'IA 39

ASSURER DES COMPORTEMENTS ÉTHIQUES ET IMPARTIAUX DE L'IA 41

PARTIE 2 : MODÈLES COMPORTEMENTAUX DE L'IA EN ACTION 44

RECONNAISSANCE DE FORMES ET IA : LES ÉLÉMENTS DE BASE 44

COMMENT L'IA IDENTIFIE DES MODÈLES DANS DE GRANDS ENSEMBLES DE DONNÉES 44

APPLICATIONS EN RECONNAISSANCE D'IMAGES, TRAITEMENT DU LANGAGE ET PLUS ENCORE 47

L'AVENIR DE LA RECONNAISSANCE DE FORMES DANS L'ÉVOLUTION DE L'IA 49

L'IA DANS LA MODÉLISATION DU COMPORTEMENT HUMAIN . 50

COMMENT L'IA MODÉLISE LES COMPORTEMENTS HUMAINS : DU MIMÉTISME À LA PRÉDICTION 50

CAS D'UTILISATION DANS LE MARKETING, LA SANTÉ ET LA SÉCURITÉ 51

CONSIDÉRATIONS ÉTHIQUES DANS LA MODÉLISATION DU COMPORTEMENT BASÉE SUR L'IA 53

IA SOCIALE : NAVIGUER DANS LES INTERACTIONS ET LES RELATIONS 54

LE RÔLE DE L'IA DANS LES INTERACTIONS SOCIALES ET LA COMMUNICATION 55

LES ASSISTANTS VIRTUELS ET L'ESSOR DE L'IA SOCIALEMENT INTELLIGENTE 56

DÉFIS ET OPPORTUNITÉS DANS LA CRÉATION D'UNE IA SOCIALEMENT RESPONSABLE 57

IA ET ÉCONOMIE COMPORTEMENTALE 59

L'INTERSECTION DE L'IA ET DU COMPORTEMENT ÉCONOMIQUE 59

PRÉDIRE LE COMPORTEMENT DES CONSOMMATEURS GRÂCE À L'IA 60

COMMENT L'IA TRANSFORME LES MARCHÉS FINANCIERS ET LES TENDANCES DE CONSOMMATION 61

PARTIE 3 : CONCEPTS AVANCÉS ET ORIENTATIONS FUTURES . 63

ADAPTATION COMPORTEMENTALE : L'IA APPREND DE SON ENVIRONNEMENT 63

COMMENT LES SYSTÈMES D'IA ÉVOLUENT ET S'ADAPTENT AU FIL DU TEMPS 63

LE RÔLE DE L'APPRENTISSAGE CONTINU DANS LA DÉFINITION DU COMPORTEMENT DE L'IA 65

ÉTUDES DE CAS D'IA ADAPTATIVE DANS DES ENVIRONNEMENTS DYNAMIQUES 66

L'IA DANS LES SYSTÈMES AUTONOMES : LE COMPORTEMENT EN MOUVEMENT 68

MODÈLES COMPORTEMENTAUX DANS LES VÉHICULES AUTONOMES, LES DRONES ET LA ROBOTIQUE 68

PRISE DE DÉCISION ET RÉSOLUTION DE PROBLÈMES EN TEMPS RÉEL 69

L'AVENIR DE L'AUTONOMIE ET DU COMPORTEMENT DE L'IA DANS DES ENVIRONNEMENTS COMPLEXES 70

ÉTHIQUE DES MODÈLES COMPORTEMENTAUX DE L'IA 72

Les implications morales des comportements pilotés par l'IA 72
Responsabilité de l'IA : qui est responsable des actions de l'IA ? 73
Assurer la transparence et la confiance dans les systèmes d'IA 74

L'IA ET L'AVENIR DE L'INTERACTION HOMME-IA 76

Prédictions pour la prochaine vague de comportements de l'IA 76
L'évolution des relations entre les humains et l'IA 77
Préparer la société au rôle croissant de l'IA dans la vie quotidienne 78

CONCLUSION 79

INTRODUCTION : L'ÉMERGENCE DES MODÈLES COMPORTEMENTAUX DE L'IA

Aperçu de l'IA et de son rôle évolutif dans la société humaine

L'intelligence artificielle (IA) est passée d'un domaine de niche de l'informatique à une force dominante qui remodèle les industries, les économies et la vie quotidienne. Initialement axés sur la résolution de tâches spécifiques, les systèmes d'IA présentent désormais des comportements qui ressemblent beaucoup à la prise de décision, à la résolution de problèmes et même aux interactions sociales humaines. Cette évolution marque un changement significatif des systèmes traditionnels basés sur des règles vers une IA capable d'apprendre, de s'adapter et de développer des modèles de comportement.

Le parcours de l'IA a commencé avec une simple automatisation, où les machines étaient programmées pour effectuer des tâches répétitives. Au fil du temps, les progrès de l'apprentissage automatique, de l'apprentissage profond et des réseaux neuronaux ont permis à l'IA d'aller au-delà des instructions statiques. Aujourd'hui, l'IA peut analyser de vastes quantités de données, reconnaître des modèles et prendre des décisions basées sur des expériences passées. Cette capacité a transformé l'IA d'un simple outil est une technologie qui exécute des tâches prédéfinies vers un système intelligent capable de fonctionner de manière autonome et d'apprendre de son environnement. Le rôle évolutif de l'IA dans la société est évident dans divers secteurs. Dans le domaine de la santé, l'IA révolutionne le diagnostic, la médecine personnalisée et la découverte de médicaments. Dans le domaine financier, les algorithmes basés sur l'IA prédisent les tendances du marché, détectent les fraudes et optimisent les stratégies d'investissement. Dans l'éducation, les plateformes basées sur l'IA personnalisent les expériences d'apprentissage et fournissent un retour d'information en temps réel. Ces exemples illustrent comment l'IA n'est pas seulement une avancée technologique, mais une force qui redéfinit les industries et influence notre vie quotidienne.

Cependant, à mesure que les systèmes d'IA deviennent plus sophistiqués, il devient crucial de comprendre leur comportement. Contrairement aux logiciels traditionnels, où le résultat est prévisible en fonction des entrées, les systèmes d'IA peuvent présenter des comportements complexes qui ne sont pas toujours faciles à expliquer ou à prévoir. Cette imprévisibilité soulève des questions sur la confiance, la transparence et la responsabilité des systèmes pilotés par l'IA. Par conséquent, il est essentiel de comprendre les modèles de comportement de l'IA pour garantir que ces systèmes fonctionnent de manière sûre, éthique et conforme aux valeurs humaines.

Pourquoi il est important de comprendre le comportement de l'IA

Le comportement des systèmes d'IA est façonné par les algorithmes qui les alimentent et par les données sur lesquelles ils sont formés. À mesure que les systèmes d'IA s'intègrent davantage dans la société, leur comportement peut avoir des conséquences importantes. Par exemple, les algorithmes d'IA utilisés dans les processus de recrutement peuvent par inadvertance perpétuer des biais s'ils sont formés sur des données biaisées. De même, les systèmes de recommandation pilotés par l'IA peuvent influencer le comportement des consommateurs en faisant la promotion de certains produits ou contenus par rapport à d'autres.

Comprendre le comportement de l'IA est essentiel pour plusieurs raisons :

1. Confiance et transparence : pour que les systèmes d'IA soient largement adoptés, les utilisateurs doivent être sûrs que ces systèmes se comporteront comme prévu. Cependant, les

systèmes d'IA fonctionnent souvent comme des « boîtes noires », dans lesquelles le processus de prise de décision n'est pas transparent. En comprenant le comportement de l'IA, nous pouvons garantir que ces systèmes sont plus transparents et que les utilisateurs peuvent faire confiance à leurs résultats.

2. Implications éthiques : les systèmes d'IA ont le potentiel d'avoir un impact profond sur la vie humaine. Des véhicules autonomes aux diagnostics médicaux, les décisions de l'IA peuvent avoir des conséquences qui peuvent changer la vie. Il est essentiel de comprendre le comportement de l'IA pour garantir que ces systèmes fonctionnent de manière éthique et ne nuisent ni aux individus ni à la société.

3. Réglementation et responsabilité : à mesure que les systèmes d'IA se généralisent, il devient de plus en plus nécessaire de mettre en place des cadres réglementaires qui régissent leur comportement. Comprendre le comportement des systèmes d'IA aidera les décideurs politiques à créer des réglementations qui garantissent la responsabilité et protègent le public contre d'éventuels préjudices.

4. Atténuer les biais et la discrimination : les systèmes d'IA ne sont efficaces que dans la mesure où les données sur lesquelles ils sont formés le sont aussi. Si les données contiennent des biais, le système d'IA aura probablement un

comportement biaisé. En comprenant le comportement de l'IA, nous pouvons identifier et atténuer les biais dans ces systèmes, en veillant à ce qu'ils fonctionnent de manière équitable et ne perpétuent pas la discrimination.

5. Amélioration des performances et de l'efficacité : la compréhension du comportement de l'IA peut également conduire à des améliorations des performances et de l'efficacité. En analysant le comportement des systèmes d'IA dans différents scénarios, nous pouvons optimiser leurs algorithmes, réduire les erreurs et améliorer leur efficacité globale.

L'impact du comportement de l'IA sur les industries et la vie quotidienne

L'impact du comportement de l'IA se fait déjà sentir dans divers secteurs et dans notre vie quotidienne. La capacité des systèmes d'IA à apprendre à partir des données, à s'adapter à de nouvelles informations et à prendre des décisions de manière autonome a des implications de grande portée.

1. Soins de santé : l'IA transforme les soins de santé en permettant des diagnostics plus rapides et plus précis, des plans de traitement personnalisés et de meilleurs résultats pour les patients. Par exemple, les systèmes basés sur l'IA peuvent analyser des images médicales pour détecter des maladies telles que le cancer à un stade précoce, souvent avec

une plus grande précision que les médecins humains. En outre, l'IA est utilisée pour prédire les résultats des patients, recommander des options de traitement et même assister les interventions chirurgicales. Cependant, le comportement de l'IA dans les soins de santé doit être surveillé de près pour s'assurer qu'elle n'introduit pas d'erreurs ou de biais qui pourraient nuire aux patients.

2. Finance : Dans le secteur financier, l'IA est utilisée pour analyser les données du marché, prédire les tendances et optimiser les stratégies de trading. Les algorithmes d'IA peuvent traiter de vastes quantités de données financières en temps réel, ce qui leur permet de prendre des décisions en une fraction de seconde qui peuvent se traduire par des profits importants. Cependant, le comportement de l'IA dans le secteur financier comporte également des risques. Par exemple, le trading piloté par l'IA Les systèmes peuvent contribuer à la volatilité des marchés et, s'ils ne sont pas correctement réglementés, ils pourraient conduire à des crises financières.

3. Commerce de détail : l'IA transforme le secteur du commerce de détail en améliorant l'expérience client, en optimisant les chaînes d'approvisionnement et en personnalisant les efforts marketing. Les systèmes de recommandation basés sur l'IA analysent le comportement des clients pour suggérer des produits susceptibles de les intéresser, augmentant ainsi les ventes et la satisfaction des

clients. Cependant, le comportement de ces systèmes soulève également des inquiétudes concernant la confidentialité et le risque de manipulation. Il est essentiel de comprendre le comportement de l'IA dans le commerce de détail pour garantir que ces systèmes respectent les droits des consommateurs et fonctionnent de manière équitable.

4. Transports : les véhicules autonomes sont l'un des exemples les plus visibles de l'IA en action. Ces véhicules s'appuient sur l'IA pour circuler sur les routes, éviter les obstacles et prendre des décisions en temps réel afin d'assurer la sécurité des passagers. Cependant, le comportement de l'IA dans les véhicules autonomes est complexe et doit être testé de manière approfondie pour garantir que ces systèmes peuvent gérer un large éventail de scénarios. Le risque d'accidents ou de dysfonctionnements souligne l'importance de comprendre et de réguler le comportement de l'IA dans les transports.

5. Éducation : l'IA révolutionne l'éducation en offrant des expériences d'apprentissage personnalisées, en automatisant les tâches administratives et en permettant l'apprentissage à distance. Les plateformes pilotées par l'IA peuvent

Les systèmes d'IA s'adaptent aux styles d'apprentissage individuels, en proposant un contenu personnalisé et un retour d'information en temps réel. Cependant, le comportement de l'IA dans l'éducation soulève également des inquiétudes quant à la confidentialité des données, au potentiel de biais dans le contenu éducatif et à la déshumanisation des expériences d'apprentissage. Il est essentiel de comprendre le comportement de l'IA dans l'éducation pour garantir que ces systèmes améliorent l'expérience d'apprentissage plutôt que de la dégrader.

6. Divertissement : l'IA est de plus en plus utilisée dans l'industrie du divertissement pour créer du contenu, recommander des médias et même générer de la musique et de l'art. Les systèmes de recommandation basés sur l'IA sur des plateformes comme Netflix et Spotify analysent le comportement des utilisateurs pour suggérer du contenu qui correspond à leurs préférences. Si cela améliore l'expérience utilisateur, cela soulève également des questions sur l'impact de l'IA sur la créativité et la diversité culturelle. Il est essentiel de comprendre le comportement de l'IA dans le secteur du divertissement pour garantir que ces systèmes favorisent une gamme diversifiée de contenus et n'étouffent pas la créativité.

7. Sécurité et surveillance : l'IA est utilisée dans le domaine de la sécurité et de la surveillance pour détecter les menaces, analyser les tendances et prédire les comportements criminels. Les systèmes basés sur l'IA peuvent analyser les séquences

vidéo, reconnaître les visages et identifier les activités suspectes en temps réel. Cependant, le comportement de l'IA dans le domaine de la sécurité et de la surveillance soulève d'importantes préoccupations éthiques, notamment en matière de violation de la vie privée et de risque d'abus.

Le comportement de l'IA dans ce contexte est essentiel pour équilibrer les besoins de sécurité et les droits individuels.

8. Ressources humaines : l'IA est de plus en plus utilisée dans les processus de recrutement pour examiner les CV, évaluer les candidats et même mener des entretiens. Les systèmes basés sur l'IA peuvent analyser de vastes quantités de données sur les candidats pour identifier le candidat le mieux adapté à un poste. Cependant, le comportement de l'IA dans les ressources humaines peut également perpétuer des préjugés s'il n'est pas soigneusement surveillé. Il est essentiel de comprendre le comportement de l'IA dans ce domaine pour garantir que les processus de recrutement sont équitables et inclusifs.

L'émergence de modèles comportementaux de l'IA marque une nouvelle ère dans l'évolution de l'intelligence artificielle. À mesure que les systèmes d'IA deviennent plus sophistiqués, comprendre leur comportement n'est plus une question technique mais un impératif sociétal. L'impact du comportement de l'IA sur les industries et la vie quotidienne est profond, et son influence ne fera que croître à mesure que l'IA continuera de progresser.

PARTIE 1 : FONDEMENTS DU COMPORTEMENT DE L'IA

Comprendre les modèles comportementaux de l'IA

L'intelligence artificielle (IA) représente un changement de paradigme dans la façon dont nous interagissons avec la technologie, permettant aux machines non seulement d'effectuer des tâches prédéfinies, mais également d'adopter des comportements qui peuvent ressembler étroitement aux actions et aux processus décisionnels humains. Pour apprécier pleinement les capacités et les limites de l'IA, il est essentiel de comprendre les concepts fondamentaux du comportement de l'IA, notamment la manière dont elle est définie, la manière dont les systèmes d'IA apprennent et imitent le comportement, ainsi que les algorithmes et méthodologies sous-jacents.

Définition du comportement dans le contexte de l'IA

Le comportement en IA fait référence aux actions ou réponses observables d'un système d'IA lorsqu'il interagit avec son environnement ou traite des données. Contrairement aux logiciels traditionnels, qui suivent des instructions explicites codées par les développeurs, les systèmes d'IA présentent souvent un comportement qui émerge de leurs processus d'apprentissage et de leurs interactions avec les données. Ce comportement peut être classé en plusieurs types :

1. Comportement réactif : Le comportement réactif des systèmes d'IA se caractérise par des réponses directes à des entrées spécifiques sans tenir compte des interactions passées ou des implications futures. Par exemple, un moteur de recommandation qui suggère des produits en fonction de la requête de recherche actuelle d'un utilisateur fait preuve d'un comportement réactif. Ces systèmes sont généralement conçus pour répondre aux entrées immédiates d'une manière prédéfinie.

2. Comportement adaptatif : un comportement adaptatif se produit lorsqu'un système d'IA modifie ses actions en fonction des commentaires ou de nouvelles données. Par exemple, un modèle d'apprentissage automatique qui améliore sa précision au fil du temps à mesure qu'il traite davantage de données présente un comportement adaptatif. Ce type de comportement est essentiel pour les systèmes qui

doivent évoluer et s'adapter à des conditions changeantes.

3. Comportement prédictif : Le comportement prédictif consiste à faire des prévisions ou des estimations sur des événements futurs en se basant sur des données historiques. Par exemple, les outils d'analyse prédictive dans le domaine financier utilisent les données historiques du marché pour prévoir les tendances futures. Le comportement prédictif nécessite que le système d'IA analyse les tendances et prenne des décisions éclairées sur les résultats futurs.

4. Comportement autonome : Le comportement autonome fait référence à la capacité d'un système d'IA à fonctionner de manière indépendante et à prendre des décisions sans intervention humaine. Les véhicules autonomes, par exemple, affichent un comportement autonome lorsqu'ils circulent sur les routes et prennent des décisions de conduite en fonction de données en temps réel. Ce type de comportement est complexe et implique l'intégration de diverses formes de saisie et de processus décisionnels.

5. Comportement social : le comportement social dans l'IA implique des interactions qui imitent les interactions sociales humaines, telles que la

conversation et l'empathie. Les systèmes d'IA sociale, comme les assistants virtuels ou les chatbots, sont conçus pour interagir avec les utilisateurs d'une manière qui semble naturelle et humaine. Ce comportement est souvent obtenu grâce au traitement du langage naturel et à l'analyse des sentiments.

Il est essentiel de comprendre ces types de comportement pour concevoir des systèmes d'IA qui répondent à des besoins spécifiques et fonctionnent efficacement dans les environnements prévus. À mesure que la technologie de l'IA continue de progresser, la complexité et la portée du comportement de l'IA vont également s'accroître, ce qui nécessitera des recherches et un développement continus pour gérer et optimiser ces comportements.

Comment les systèmes d'IA apprennent et imitent le comportement

Les systèmes d'IA apprennent et imitent le comportement par le biais de diverses méthodes, principalement basées sur l'apprentissage automatique (ML) et les techniques d'apprentissage profond. Ces processus d'apprentissage permettent à l'IA

Les systèmes s'adaptent aux nouvelles informations, améliorent leurs performances au fil du temps et reproduisent des comportements humains. Les principaux mécanismes à l'origine de cet apprentissage sont les suivants :

1. Apprentissage supervisé : l'apprentissage supervisé est une approche courante d'apprentissage automatique dans laquelle un système d'IA est formé sur un ensemble de données étiquetées. Dans cette méthode, le système apprend à mapper les entrées aux sorties en fonction des exemples fournis pendant la formation. Par exemple, un algorithme d'apprentissage supervisé pour la reconnaissance d'images peut être formé sur des milliers d'images étiquetées (par exemple, des chats et des chiens) pour apprendre à classer les nouvelles images avec précision. Le comportement du système est façonné par les modèles qu'il apprend à partir des données de formation, ce qui lui permet de faire des prédictions ou des classifications en fonction de nouvelles entrées.
2. Apprentissage non supervisé : l'apprentissage non supervisé consiste à entraîner un système d'IA sur des données non étiquetées, où le système doit identifier des modèles et des structures par lui-même. Cette approche est utilisée pour des tâches telles que le clustering et la réduction de la dimensionnalité. Par exemple, un algorithme d'apprentissage non supervisé peut analyser les données client pour segmenter les clients en différents groupes en fonction du comportement d'achat. Le comportement du système est influencé par la structure inhérente des données,

ce qui lui permet de découvrir des relations et des modèles cachés.
3. Apprentissage par renforcement : l'apprentissage par renforcement est une méthode dans laquelle un système d'IA apprend en interagissant avec un environnement et en recevant des commentaires sous forme de récompenses ou de pénalités. Le système prend des décisions en fonction de l'état actuel, entreprend des actions et reçoit des commentaires qui éclairent les décisions futures. Cette approche est couramment utilisée dans les scénarios où une prise de décision optimale est requise, comme dans les jeux ou la robotique. Par exemple, un algorithme d'apprentissage par renforcement peut être utilisé pour entraîner un robot à naviguer dans un labyrinthe en récompensant la navigation réussie et en pénalisant les collisions.
4. Apprentissage par imitation : l'apprentissage par imitation consiste à apprendre à un système d'IA à imiter le comportement d'un humain ou d'un autre système d'IA. Cette approche est souvent utilisée dans des scénarios où la supervision directe n'est pas pratique. Par exemple, un système d'IA peut apprendre à jouer à un jeu vidéo en observant et en imitant les actions d'un joueur humain. Le comportement du système est façonné par les actions démontrées, ce qui lui permet de reproduire un comportement similaire dans des situations similaires.
5. Apprentissage par transfert : l'apprentissage par transfert consiste à exploiter les connaissances acquises dans une tâche ou un domaine pour améliorer les performances dans une autre tâche ou

un autre domaine connexe. Cette approche est utile lorsque les données disponibles pour la tâche cible sont limitées. Par exemple, un modèle formé pour reconnaître des objets dans des images peut être adapté pour reconnaître des types d'objets spécifiques dans un contexte différent. L'apprentissage par transfert permet aux systèmes d'IA d'appliquer des comportements précédemment appris à des scénarios nouveaux, mais connexes.

Ces méthodes d'apprentissage permettent aux systèmes d'IA de développer des comportements complexes qui imitent la cognition et la prise de décision humaines. En traitant en continu les données, en recevant des commentaires, et en ajustant leurs algorithmes, les systèmes d'IA peuvent évoluer et affiner leurs comportements au fil du temps.

Algorithmes et méthodologies clés derrière les comportements de l'IA

Plusieurs algorithmes et méthodologies sous-tendent le comportement des systèmes d'IA, chacun contribuant à différents aspects de l'apprentissage et de la prise de décision. La compréhension de ces algorithmes est essentielle pour développer des systèmes d'IA efficaces et gérer leur comportement. Les algorithmes et méthodologies clés comprennent :

1. Réseaux neuronaux : les réseaux neuronaux sont un élément fondamental de nombreux systèmes d'IA, notamment dans le domaine de l'apprentissage profond. Ces réseaux sont constitués de nœuds interconnectés (neurones) organisés en couches (couches d'entrée, cachées et de sortie). Les réseaux neuronaux sont conçus pour apprendre des modèles et des représentations complexes à partir de données. Par exemple, les réseaux neuronaux convolutionnels (CNN) sont largement utilisés pour les tâches de reconnaissance d'images, tandis que les réseaux neuronaux récurrents (RNN) sont utilisés pour la modélisation de séquences et le traitement du langage naturel.
2. Arbres de décision : les arbres de décision sont un algorithme simple, mais puissant, utilisé pour les tâches de classification et de régression. Un arbre de décision divise les données en sous-ensembles en fonction des valeurs des caractéristiques, créant ainsi une structure arborescente de décisions et de résultats. Chaque nœud de l'arbre représente une décision basée sur une caractéristique, et chaque branche représente un résultat. Les arbres de décision sont interprétables et peuvent être utilisés pour

comprendre comment les systèmes d'IA prennent des décisions en fonction de différentes entrées.

3. Machines à vecteurs de support (SVM) : les machines à vecteurs de support sont un algorithme d'apprentissage supervisé utilisé pour les tâches de classification et de régression. Les SVM trouvent l'hyperplan optimal qui sépare les différentes classes dans l'espace des caractéristiques. L'objectif est de maximiser la marge entre les classes, en s'assurant que le classificateur fonctionne bien sur les données d'entraînement et de test. Les SVM sont efficaces pour les tâches où les données ne sont pas séparables linéairement.

4. K-Nearest Neighbors (KNN) : K-Nearest Neighbors est un algorithme non paramétrique utilisé pour les tâches de classification et de régression. L'algorithme attribue une classe ou une valeur à un point de données en fonction des classes ou des valeurs de ses k-plus proches voisins. KNN est simple à mettre en œuvre et peut être efficace pour les petits ensembles de données, mais il peut être coûteux en termes de calcul pour les grands ensembles de données.

5. Gradient Boosting : Le gradient boosting est une méthode d'apprentissage d'ensemble qui combine plusieurs apprenants faibles (par exemple, des arbres

de décision) pour créer un apprenant fort. L'algorithme ajoute de manière itérative de nouveaux modèles pour corriger les erreurs des modèles précédents, optimisant ainsi les performances globales. Le gradient boosting est connu pour sa grande précision et est utilisé dans diverses applications, notamment la classification et la régression.

6. Algorithmes de clustering : les algorithmes de clustering regroupent des points de données similaires en fonction de leurs caractéristiques. Les algorithmes de clustering courants incluent K-Means, le clustering hiérarchique et DBSCAN. Le clustering est utilisé pour des tâches telles que la segmentation des clients, la détection d'anomalies et la reconnaissance de formes. Ces algorithmes permettent aux systèmes d'IA d'identifier les regroupements et les relations naturels au sein des données.

7. Traitement du langage naturel (TLN) : le traitement du langage naturel est un sous-domaine de l'IA axé sur l'interaction entre les ordinateurs et le langage humain. Les algorithmes de TLN permettent aux systèmes d'IA de comprendre, de générer et de manipuler le langage naturel. Des techniques telles que la tokenisation, la reconnaissance d'entités

nommées et l'analyse des sentiments sont utilisées pour traiter et analyser les données textuelles. Le TLN est essentiel pour des applications telles que les chatbots, la traduction linguistique et la synthèse de texte.

8. Réseaux antagonistes génératifs (GAN) : les réseaux antagonistes génératifs sont une classe d'algorithmes d'apprentissage profond utilisés pour générer de nouveaux échantillons de données qui ressemblent à un ensemble de données donné. Les GAN se composent de deux réseaux neuronaux, un générateur et un discriminateur, qui sont en concurrence l'un avec l'autre. Le générateur crée des échantillons de données synthétiques, tandis que le discriminateur évalue leur authenticité. Les GAN sont utilisés pour des tâches telles que la génération d'images, l'augmentation de données et la génération de contenu créatif.

LA SCIENCE DE LA PRISE DE DÉCISION PAR L'IA

Les systèmes d'intelligence artificielle (IA) ont révolutionné la façon dont les décisions sont prises dans divers domaines. Des véhicules autonomes aux systèmes de recommandation, il est essentiel de comprendre comment les systèmes d'IA traitent les informations et prennent des décisions pour développer des technologies efficaces et fiables. Cette section se penche sur la science de la prise de décision par l'IA, notamment les mécanismes qui sous-tendent les processus décisionnels, le rôle de l'apprentissage par renforcement et les applications concrètes.

Comment les systèmes d'IA traitent les informations et prennent des décisions

Les systèmes d'IA traitent les informations et prennent des décisions grâce à une combinaison d'algorithmes, de données et de techniques informatiques. Le processus de prise de décision comprend généralement les étapes suivantes :

1. Collecte et prétraitement des données : les systèmes d'IA commencent par collecter et prétraiter les données, qui servent de base à la prise de décision. La collecte de données implique la collecte de données

brutes provenant de diverses sources, telles que des capteurs, des entrées utilisateur ou des bases de données. Le prétraitement comprend le nettoyage, la transformation et la normalisation des données pour les rendre aptes à l'analyse. Par exemple, dans la reconnaissance d'images, le prétraitement peut impliquer le redimensionnement des images et l'ajustement des valeurs de couleur.
2. Extraction de caractéristiques : l'extraction de caractéristiques implique l'identification et la sélection de caractéristiques ou d'attributs pertinents à partir des données qui sont importants pour la prise de décisions. Par exemple, dans le traitement du langage naturel (TLN), l'extraction de caractéristiques peut impliquer l'identification de mots-clés ou d'expressions à partir de données textuelles. Dans la reconnaissance d'images, les caractéristiques peuvent inclure des bords, des textures ou des formes.
3. Entraînement du modèle : le système d'IA utilise les données prétraitées et les caractéristiques extraites pour entraîner un modèle. Au cours de l'entraînement, le modèle apprend des modèles et des relations au sein des données à l'aide d'algorithmes tels que des réseaux neuronaux, des arbres de décision ou des machines à vecteurs de support. L'objectif est

de développer un modèle capable de faire des prédictions ou des classifications précises basées sur des données nouvelles et inédites.

4. Prise de décision : une fois formé, le modèle d'IA traite les nouvelles entrées et prend des décisions en fonction des modèles qu'il a appris. Cette étape consiste à appliquer le modèle à des données en temps réel pour générer des résultats ou des prévisions. Par exemple, un système de recommandation peut suggérer des produits en fonction des préférences de l'utilisateur, tandis qu'un véhicule autonome peut décider du meilleur itinéraire à suivre en fonction des données des capteurs.

5. Évaluation et retour d'information : après avoir pris des décisions, les systèmes d'IA sont évalués en fonction de leurs performances et de leur précision. Des retours d'information sont recueillis pour évaluer dans quelle mesure les décisions du système correspondent aux résultats souhaités. Ces retours d'information peuvent être utilisés pour affiner le modèle, améliorer sa précision et s'adapter aux conditions changeantes.

Les processus décisionnels de l'IA reposent sur des algorithmes sophistiqués et des techniques de calcul pour analyser les données et générer des informations. La compréhension de ces processus est essentielle pour développer des systèmes d'IA précis, fiables et capables de gérer des tâches complexes.

L'apprentissage par renforcement et son rôle dans la formation du comportement

L'apprentissage par renforcement (RL) est une technique clé de l'IA qui joue un rôle crucial dans la formation du comportement. Contrairement à l'apprentissage supervisé, qui s'appuie sur des données étiquetées, l'apprentissage par renforcement consiste à entraîner un agent à prendre des décisions en fonction des interactions avec son environnement. L'agent apprend grâce à un processus d'essais et d'erreurs, recevant des récompenses ou des pénalités en fonction de ses actions.

1. Concepts de base de l'apprentissage par renforcement : l'apprentissage par renforcement repose sur le concept d'un agent interagissant avec un environnement pour atteindre des objectifs spécifiques. L'agent entreprend des actions dans l'environnement et reçoit des commentaires sous forme de récompenses ou de pénalités. L'objectif est d'apprendre une politique, c'est-à-dire une stratégie de sélection d'actions qui maximisent les récompenses cumulatives au fil du temps.

- Agent : L'entité qui prend des décisions et entreprend des actions dans l'environnement.

- Environnement : Le contexte externe dans lequel l'agent opère et interagit.

- Action : Les choix ou comportements que l'agent peut adopter.

- Récompense : Le retour reçu de l'environnement en fonction des actions de l'agent.

- Politique : La stratégie ou la correspondance entre les états et les actions que l'agent utilise pour prendre des décisions.

- Fonction de valeur : une fonction qui estime la récompense cumulative attendue pour un état ou une action donnée.

2. Exploration vs. Exploitation : L'un des principaux défis de l'apprentissage par renforcement est de trouver un équilibre entre l'exploration et l'exploitation.

Exploitation. L'exploration consiste à essayer de nouvelles actions pour découvrir leurs effets, tandis que l'exploitation consiste à tirer parti d'actions connues qui ont déjà donné de bons résultats. Trouver le bon équilibre est essentiel pour un apprentissage et une prise de décision efficaces.

3. Q-Learning : Q-learning est un algorithme d'apprentissage par renforcement populaire utilisé pour apprendre la valeur des actions dans différents états. L'algorithme maintient une

table Q, où chaque entrée représente la récompense attendue pour une action particulière dans chaque état. L'agent met à jour les valeurs Q en fonction des commentaires reçus de l'environnement, apprenant progressivement la politique optimale.

4. Apprentissage par renforcement profond : l'apprentissage par renforcement profond combine l'apprentissage par renforcement avec des techniques d'apprentissage profond pour gérer des environnements complexes avec des espaces d'état et d'action de grande dimension. Les réseaux Q profonds (DQN) sont un exemple de cette approche, où les réseaux neuronaux sont utilisés pour approximer les valeurs Q. Cette technique a été appliquée avec succès à des tâches telles que jouer à des jeux Atari et contrôler des systèmes robotiques.

5. Applications de l'apprentissage par renforcement : L'apprentissage par renforcement a été appliqué à divers scénarios du monde réel, notamment la robotique, les jeux et la finance. Par exemple, l'apprentissage par renforcement a été utilisé pour entraîner des robots à effectuer des tâches telles que saisir des objets et naviguer dans des environnements. Dans le domaine des jeux, l'apprentissage par renforcement a permis d'obtenir des performances surhumaines dans des jeux comme AlphaGo

et Dota 2. En finance, RL est utilisé pour le trading algorithmique et l'optimisation de portefeuille.

L'apprentissage par renforcement fournit un cadre pour le développement de systèmes d'IA capables d'apprendre et d'adapter leur comportement en fonction des interactions avec leur environnement. En tirant parti des récompenses et des retours d'information, l'apprentissage par renforcement permet aux systèmes de développer des comportements complexes et de prendre des décisions qui maximisent les avantages à long terme.

Études de cas sur la prise de décision par l'IA dans des applications concrètes

1. Véhicules autonomes : les véhicules autonomes s'appuient sur la prise de décision de l'IA pour naviguer sur les routes, éviter les obstacles et prendre des décisions de conduite. Ces véhicules utilisent une combinaison de capteurs, de caméras et d'algorithmes d'IA pour traiter les données en temps réel et prendre des décisions sur la vitesse, les changements de voie et le freinage. Par exemple, le système Autopilot de Tesla utilise des algorithmes d'apprentissage profond pour interpréter les données des capteurs et prendre des décisions de conduite, permettant au véhicule de fonctionner de manière autonome dans certaines conditions.

2. Systèmes de recommandation : les systèmes de recommandation, tels que ceux utilisés par Netflix et Amazon, utilisent la prise de décision par IA pour suggérer des produits ou du contenu en fonction des préférences et des comportements des utilisateurs. Ces systèmes analysent les historiques

Les données, les interactions des utilisateurs et les informations contextuelles permettent de générer des recommandations personnalisées. Par exemple, Netflix utilise le filtrage collaboratif et des méthodes basées sur le contenu pour recommander des films et des émissions de télévision aux utilisateurs, améliorant ainsi leur expérience de visionnage.

3. Diagnostic médical : la prise de décision par IA est de plus en plus utilisée dans le diagnostic médical pour aider à détecter les maladies et recommander des traitements. Par exemple, les algorithmes d'IA analysent les images médicales, telles que les radiographies et les IRM, pour identifier les anomalies et diagnostiquer les pathologies. Watson for Oncology d'IBM utilise l'IA pour analyser les données des patients et recommander des options de traitement en fonction des dernières recherches et directives cliniques.

4. Détection de fraude : les systèmes d'IA sont utilisés dans les institutions financières pour détecter et prévenir les activités frauduleuses. Ces systèmes analysent les schémas de

transaction, le comportement des utilisateurs et les données historiques pour identifier les anomalies et les fraudes potentielles. Par exemple, les sociétés de cartes de crédit utilisent des algorithmes d'apprentissage automatique pour signaler les transactions suspectes et prévenir les frais frauduleux.

5. Chatbots de service client : les chatbots basés sur l'IA sont utilisés dans le service client pour fournir des réponses automatisées aux demandes des clients et résoudre les problèmes. Ces chatbots utilisent le traitement du langage naturel (NLP) et la machine

Des algorithmes d'apprentissage pour comprendre les requêtes des utilisateurs et générer des réponses appropriées. Par exemple, des entreprises comme H&M et Sephora utilisent des chatbots pour aider les clients à recommander des produits et à suivre leurs commandes.

LE RÔLE DES DONNÉES DANS LA DÉFINITION DU COMPORTEMENT DE L'IA

Les données jouent un rôle fondamental dans la définition du comportement de l'IA. La qualité, la quantité et la diversité des données ont un impact direct sur la manière dont les systèmes d'IA apprennent, prennent des décisions et adoptent un comportement. Cette section explore le rôle des données dans l'IA, notamment l'IA pilotée par les données, les biais dans les données et la garantie de comportements éthiques et impartiaux de l'IA.

IA basée sur les données : des données brutes aux modèles comportementaux

1. Collecte de données : la collecte de données implique la collecte de données brutes provenant de diverses sources, telles que des capteurs, des interactions utilisateur et des bases de données. La qualité des données collectées affecte les performances et la précision des systèmes d'IA. Par exemple, dans la reconnaissance d'images, des images haute résolution avec des étiquettes claires contribuent à de meilleures performances du modèle.

2. Prétraitement des données : le prétraitement des données consiste à nettoyer, transformer et normaliser les données brutes pour les rendre aptes à l'analyse. Cette étape comprend la gestion des valeurs manquantes, la suppression du bruit et la mise à l'échelle des fonctionnalités. Un prétraitement approprié garantit que les données sont précises et cohérentes, ce qui est essentiel pour former des modèles d'IA efficaces.

3. Ingénierie des fonctionnalités : l'ingénierie des fonctionnalités est le processus de sélection et de création de fonctionnalités pertinentes à partir de données brutes. Les fonctionnalités sont les attributs ou caractéristiques utilisés par les modèles d'IA pour prendre des décisions. Par exemple, dans l'analyse prédictive, les fonctionnalités peuvent inclure les données démographiques des clients, l'historique des transactions et les mesures comportementales. Une ingénierie des fonctionnalités efficace améliore la capacité du modèle à apprendre et à faire des prédictions précises.

4. Entraînement du modèle : lors de l'entraînement du modèle, les systèmes d'IA apprennent à partir des données prétraitées et des caractéristiques extraites pour développer des modèles et des relations. La qualité des données influence directement la capacité du modèle à généraliser et à prendre des décisions précises. Par exemple, un système de

recommandation formé sur diverses préférences des utilisateurs peut fournir des suggestions plus personnalisées.

5. Modèles comportementaux : les systèmes d'IA présentent des modèles comportementaux basés sur les données qu'ils traitent et les modèles qu'ils utilisent. Ces modèles peuvent inclure des processus de prise de décision, des comportements de réponse et des interactions avec les utilisateurs. Par exemple, le comportement d'un chatbot lorsqu'il répond aux requêtes des clients est façonné par les données sur lesquelles il a été formé et les algorithmes qu'il utilise.

L'IA basée sur les données permet aux systèmes d'apprendre à partir des données, de s'adapter à de nouvelles informations et de développer des comportements complexes.

En exploitant les données, les systèmes d'IA peuvent prendre des décisions éclairées et fournir des informations précieuses sur diverses applications.

Biais dans les données et leur impact sur le comportement de l'IA

1. Types de biais : Les biais dans les données peuvent provenir de diverses sources, notamment des biais d'échantillonnage, des erreurs de mesure et des biais historiques. Les biais d'échantillonnage se produisent lorsque

les données collectées ne sont pas représentatives de l'ensemble de la population. Les erreurs de mesure impliquent des inexactitudes dans l'enregistrement ou l'étiquetage des données. Les biais historiques reflètent les inégalités sociales et les préjugés présents dans les données historiques.

2. Impact sur le comportement de l'IA : les données biaisées peuvent conduire à un comportement biaisé de l'IA, entraînant des résultats injustes ou discriminatoires. Par exemple, si un système de reconnaissance faciale est formé sur des visages à prédominance masculine, il peut être peu performant sur des visages féminins. De même, des données biaisées dans les algorithmes de recrutement peuvent conduire à des pratiques discriminatoires lors du recrutement.

3. Détection et atténuation des biais : La détection et l'atténuation des biais impliquent l'identification et le traitement des sources de biais dans les données et les modèles d'IA. Les techniques comprennent l'audit des ensembles de données pour en vérifier l'équité, l'utilisation d'algorithmes de détection des biais et la mise en œuvre de contraintes d'équité dans les modèles. Par exemple, des techniques telles que la repondération des données, le suréchantillonnage des groupes sous-représentés et

L'application d'algorithmes soucieux de l'équité peut contribuer à réduire les biais dans les systèmes d'IA.

4. Considérations éthiques : il est essentiel de lutter contre les biais dans l'IA pour garantir un comportement éthique et responsable de l'IA. Les organisations doivent donner la priorité à la transparence, à la responsabilité et à l'équité dans leurs systèmes d'IA. Cela implique de procéder à des audits réguliers, d'impliquer des équipes diverses dans le processus de développement et de respecter des directives éthiques.

Assurer des comportements éthiques et impartiaux de l'IA

1. Lignes directrices et cadres éthiques : l'établissement de lignes directrices et de cadres éthiques est essentiel pour garantir que les systèmes d'IA fonctionnent de manière équitable et responsable. Les organisations doivent élaborer et mettre en œuvre des politiques qui répondent aux préoccupations éthiques, telles que la confidentialité, l'équité et la transparence. Des cadres tels que les Lignes directrices sur l'éthique de l'IA de la Commission européenne fournissent des principes pour le développement de systèmes d'IA éthiques.

2. Données diverses et inclusives : veiller à ce que les données utilisées pour la formation des systèmes d'IA soient diverses

et inclusives permet d'atténuer les biais et d'améliorer l'équité. Les organisations doivent s'efforcer de collecter des données provenant de sources diverses et de prendre en compte divers facteurs démographiques. Par exemple, dans le domaine de la santé, l'utilisation de données provenant de populations diverses peut conduire à des diagnostics plus précis et plus équitables.

3. Transparence et responsabilité : la transparence et la responsabilité sont essentielles pour instaurer la confiance dans les systèmes d'IA. Les organisations doivent fournir des explications claires sur la manière dont les modèles d'IA prennent des décisions et divulguent des informations sur les données utilisées. Des mécanismes de responsabilité, tels que des audits externes et des examens indépendants, peuvent contribuer à garantir que les systèmes d'IA respectent les normes éthiques.

4. Suivi et amélioration continus : un suivi et une amélioration continus sont essentiels pour maintenir un comportement éthique et impartial de l'IA. Les organisations doivent évaluer régulièrement les systèmes d'IA pour en vérifier l'équité, l'exactitude et les performances. Les commentaires des utilisateurs et des parties prenantes peuvent être utilisés pour identifier et résoudre les problèmes, garantissant ainsi que les systèmes d'IA évoluent pour répondre aux normes éthiques.

5. Mobilisation des parties prenantes : il est important de mobiliser les parties prenantes, notamment les utilisateurs, les

experts et les décideurs politiques, pour garantir un comportement éthique et impartial de l'IA. La collaboration avec des groupes divers peut fournir des informations et des perspectives précieuses, contribuant ainsi à développer des systèmes d'IA équitables et inclusifs.

La science de la prise de décision par l'IA et le rôle des données dans la définition du comportement de l'IA sont des aspects fondamentaux du développement et du déploiement des systèmes d'IA. Comprendre comment les systèmes d'IA traitent les informations, prennent des décisions et apprennent à partir des données fournit des informations précieuses sur leurs capacités et leurs limites. L'apprentissage par renforcement joue un rôle crucial dans la formation du comportement, permettant aux systèmes d'IA d'adapter et d'améliorer leurs processus de prise de décision.

PARTIE 2 : LES MODÈLES COMPORTEMENTAUX DE L'IA EN ACTION

Reconnaissance de formes et IA : les éléments de base

La reconnaissance de formes est un aspect fondamental de l'IA, qui permet aux systèmes d'identifier et d'interpréter des modèles au sein de vastes volumes de données. Cette capacité sous-tend de nombreuses applications de l'IA et est essentielle pour faire progresser la technologie de l'IA.

Comment l'IA identifie des modèles dans de grands ensembles de données

La reconnaissance de formes en IA implique l'analyse de grands ensembles de données pour identifier les régularités, les tendances et les anomalies. Le processus suit généralement les étapes suivantes :

1. Collecte et prétraitement des données : les systèmes d'IA commencent par collecter de gros volumes de données, qui peuvent inclure du texte, des images, de l'audio et des données de capteurs. Ces données brutes nécessitent souvent un prétraitement pour les nettoyer, les normaliser et les formater en vue de leur analyse. Des techniques telles que le filtrage des

données, la réduction du bruit et l'extraction de caractéristiques sont utilisées pour préparer les données.
2. Extraction de caractéristiques : l'extraction de caractéristiques consiste à identifier les aspects les plus pertinents des données qui aideront à la reconnaissance de formes. Dans le traitement d'images, les caractéristiques peuvent inclure des contours, des textures ou des couleurs. Dans l'analyse de texte, les caractéristiques peuvent impliquer des mots-clés, des structures syntaxiques ou des significations sémantiques.
3. Algorithmes de détection de modèles : l'IA utilise divers algorithmes pour détecter des modèles dans les données :
    - Algorithmes de classification : ces algorithmes attribuent des données à des catégories prédéfinies en fonction de modèles identifiés dans les données d'apprentissage. Les algorithmes de classification courants incluent les arbres de décision, les machines à vecteurs de support (SVM) et les réseaux neuronaux.
    - Algorithmes de clustering : les algorithmes de clustering regroupent des points de données similaires en fonction de leurs caractéristiques. Le clustering K-means et le clustering hiérarchique sont des méthodes populaires utilisées pour identifier les regroupements naturels au sein des données.
    - Apprentissage des règles d'association : cette technique permet de découvrir les relations entre les variables dans de grands ensembles

de données. Par exemple, dans l'analyse du panier de consommation, l'apprentissage des règles d'association peut révéler quels produits sont fréquemment achetés ensemble.
4. Formation et évaluation du modèle : une fois les algorithmes de détectîon de modèles appliqués, le modèle d'IA est formé à l'aide de données étiquetées. Les performances du modèle sont évaluées à l'aide de mesures telles que l'exactitude, la précision, le rappel et le score F1. Le perfectionnement et le réglage continus du modèle contribuent à améliorer ses capacités de reconnaissance de modèles.
5. Étude de cas : Reconnaissance d'images avec des réseaux de neurones convolutionnels (CNN) Les réseaux de neurones convolutionnels (CNN) sont une classe d'algorithmes d'apprentissage profond spécialement conçus pour les tâches de reconnaissance d'images. Les CNN utilisent des couches convolutionnelles pour extraire automatiquement des caractéristiques des images et des couches de regroupement pour
6. réduire la dimensionnalité. Cette architecture permet aux CNN de reconnaître des motifs complexes dans les données visuelles. Par exemple, le projet DeepDream de Google utilise les CNN pour améliorer et visualiser les motifs dans les images. En s'entraînant sur de vastes ensembles de données d'images, le réseau neuronal de DeepDream peut identifier et amplifier les motifs, produisant des images visuellement frappantes et parfois surréalistes.

Applications en reconnaissance d'images, traitement du langage et bien plus encore

La reconnaissance de formes est essentielle dans un large éventail d'applications d'IA, de la reconnaissance d'images au traitement du langage et au-delà.

Reconnaissance d'images : les systèmes d'IA utilisent la reconnaissance de formes pour identifier des objets, des visages et des scènes dans des images. Les applications incluent :

- Reconnaissance faciale : utilisée dans les systèmes de sécurité, les plateformes de médias sociaux et le déverrouillage des smartphones, la reconnaissance faciale identifie les individus en fonction de caractéristiques faciales uniques.
- Imagerie médicale : l'IA analyse les images médicales, comme les radiographies et les IRM, pour détecter des anomalies et faciliter le diagnostic. Par exemple, les systèmes d'IA peuvent identifier des signes de cancer ou de fractures avec une grande précision.

Traitement du langage : le traitement du langage naturel (TLN) s'appuie sur la reconnaissance de formes pour comprendre et générer le langage humain. Les principales applications sont les suivantes:

- Traduction automatique: les systèmes d'IA traduisent des textes d'une langue à l'autre en reconnaissant des modèles dans la syntaxe et la sémantique du langage. Google Translate est un exemple frappant de cette application.

- Reconnaissance vocale: des systèmes comme Siri et Google Assistant utilisent la reconnaissance de formes pour convertir le langage parlé en texte et comprendre les commandes de l'utilisateur.

Analyse financière : dans le domaine financier, l'IA utilise la reconnaissance de modèles pour analyser les tendances du marché, prédire les cours des actions et détecter les activités frauduleuses. Par exemple, les algorithmes d'IA peuvent identifier des modèles dans les données de trading pour prévoir les mouvements du marché ou repérer les irrégularités indiquant une fraude.

Diagnostic médical : les systèmes d'IA analysent les tendances dans les données des patients pour diagnostiquer les maladies et recommander des traitements. Par exemple, les modèles prédictifs peuvent identifier des tendances dans les symptômes et les antécédents médicaux des patients pour suggérer des diagnostics potentiels.

Étude de cas : IBM Watson pour le secteur de la santé

IBM Watson for Healthcare utilise la reconnaissance de modèles pour analyser de vastes volumes de littérature médicale et de données sur les patients. Le système identifie des modèles liés aux maladies, aux traitements et aux résultats des patients, aidant ainsi les médecins à prendre des décisions éclairées. Watson for Healthcare a été utilisé pour analyser des cas de cancer, aidant les oncologues à choisir des plans de traitement personnalisés en fonction des modèles identifiés dans les données des patients.

L'avenir de la reconnaissance de formes dans l'évolution de l'IA

L'avenir de la reconnaissance de formes dans l'IA impliquera probablement des avancées technologiques et méthodologiques, améliorant les capacités et les applications des systèmes d'IA.

Algorithmes avancés : les algorithmes émergents, tels que les transformateurs et les mécanismes d'attention, devraient améliorer la reconnaissance de formes dans divers domaines. Ces algorithmes améliorent la capacité des systèmes d'IA à gérer des données complexes et à grande échelle.

Intégration avec d'autres technologies : L'intégration de la reconnaissance de formes avec d'autres technologies, telles que la réalité augmentée (AR) et la réalité virtuelle (RV), créera de nouvelles applications et expériences. Par exemple, les applications de réalité augmentée pourraient utiliser la reconnaissance de formes pour superposer des informations contextuelles sur des objets du monde réel.

IA explicable : à mesure que les systèmes d'IA deviennent plus complexes, l'accent sera de plus en plus mis sur l'IA explicable (XAI). L'IA explicable vise à rendre le processus de prise de décision des systèmes d'IA transparent et compréhensible, aidant les utilisateurs à faire confiance aux résultats de reconnaissance de formes et à les interpréter.

Considérations éthiques : L'avenir de la reconnaissance de formes devra également tenir compte des préoccupations éthiques, telles que la confidentialité et les préjugés. Il sera essentiel de veiller à ce que les systèmes d'IA respectent la confidentialité des utilisateurs et prennent des décisions impartiales pour leur adoption et leur acceptation.

L'IA DANS LA MODÉLISATION DU COMPORTEMENT HUMAIN

La capacité de l'IA à modéliser le comportement humain a des implications importantes pour de nombreux secteurs, du marketing à la santé en passant par la sécurité. Comprendre et prédire le comportement humain est essentiel pour concevoir des systèmes et des applications d'IA efficaces.

Comment l'IA modélise les comportements humains : du mimétisme à la prédiction

L'IA modélise le comportement humain en combinant l'analyse des données, la reconnaissance de formes et les simulations comportementales. Le processus comprend :

- Mimétisme comportemental : les premiers modèles d'IA imitent souvent le comportement humain en se basant sur des données historiques et des règles prédéfinies. Par exemple, les chatbots peuvent utiliser des réponses scriptées pour simuler des modèles de conversation humaine.
- Modélisation prédictive : les modèles d'IA avancés utilisent des techniques statistiques et d'apprentissage automatique pour prédire les comportements futurs en fonction des données historiques. Les modèles prédictifs analysent les modèles de comportement passés pour prévoir les actions futures, telles que les

décisions d'achat des consommateurs ou les résultats en matière de santé.
- Simulations comportementales : certains systèmes d'IA simulent le comportement humain en créant des représentations numériques d'individus ou de groupes. Ces simulations peuvent être utilisées pour la formation, la recherche et la prise de décision. Par exemple, les humains virtuels pilotés par l'IA sont utilisés dans simulations de formation pour reproduire les interactions du monde réel.
Étude de cas : Segmentation de la clientèle en marketing La segmentation de la clientèle basée sur l'IA consiste à analyser les modèles de comportement des consommateurs pour identifier des groupes distincts présentant des caractéristiques similaires. Cette segmentation permet aux entreprises d'adapter leurs stratégies marketing et leurs offres à des segments de clientèle spécifiques. Par exemple, les modèles d'IA peuvent segmenter les clients en fonction de l'historique d'achat, du comportement de navigation et des informations démographiques, ce qui permet de mener des campagnes marketing ciblées et de proposer des recommandations personnalisées.

Cas d'utilisation dans le marketing, la santé et la sécurité

La modélisation du comportement humain par l'IA a des applications pratiques dans divers domaines :
- Commercialisation:

Publicité ciblée : les modèles d'IA analysent le comportement des consommateurs pour proposer des publicités personnalisées. En comprenant les préférences et les comportements des utilisateurs, les entreprises peuvent créer des campagnes publicitaires ciblées qui trouvent un écho auprès de publics spécifiques.

Expérience client : les systèmes d'IA utilisent la modélisation comportementale pour améliorer l'expérience client. Par exemple, les moteurs de recommandation suggèrent des produits en fonction des achats effectués et de l'historique de navigation.

- Soins de santé :

  Médecine personnalisée : les modèles d'IA prédisent les réponses des patients aux traitements en fonction des données historiques et des informations génétiques. Les approches de médecine personnalisée adaptent les traitements à chaque patient, améliorant ainsi les résultats.

  Surveillance des patients : les systèmes d'IA analysent le comportement des patients et les données de santé pour détecter les premiers signes de détérioration ou de non-respect des plans de traitement.

- Sécurité:

  Détection de fraude : les modèles d'IA identifient des schémas inhabituels dans les transactions financières pour détecter les activités frauduleuses. En analysant les données de transaction et le comportement des utilisateurs, les systèmes d'IA peuvent signaler les comportements suspects et prévenir la fraude.

  Surveillance : les systèmes de surveillance basés sur l'IA utilisent la modélisation comportementale pour identifier les menaces potentielles pour la sécurité. Ces systèmes analysent les modèles dans les séquences vidéo et les données des capteurs pour détecter les activités inhabituelles.

Étude de cas : Analyse prédictive dans le domaine de la santé L'analyse prédictive dans le domaine de la santé utilise l'IA pour prévoir les résultats des patients et optimiser les plans de traitement. Par exemple, les modèles d'IA analysent les données des patients pour prédire la probabilité de réadmission après une intervention chirurgicale. Ces informations aident les prestataires de soins de santé à intervenir précocement et à réduire les taux de réadmission.

Considérations éthiques dans la modélisation du comportement basée sur l'IA

La modélisation du comportement humain avec l'IA soulève plusieurs considérations éthiques, notamment la confidentialité, les préjugés et la transparence.

Confidentialité : les systèmes d'IA qui modélisent le comportement humain nécessitent souvent l'accès à des données personnelles et sensibles. Il est essentiel de veiller à ce que les données soient collectées, stockées et utilisées conformément aux réglementations en matière de confidentialité. Les utilisateurs doivent être informés de la manière dont leurs données sont utilisées et avoir le contrôle sur leur accès.

Biais : les modèles d'IA peuvent perpétuer ou amplifier les biais existants s'ils sont formés à partir de données biaisées. Il est essentiel de s'attaquer aux biais dans les systèmes d'IA pour garantir des résultats justes et équitables. Des techniques telles que la détection et la correction des biais, ainsi que la collecte de données diversifiées, peuvent contribuer à atténuer les biais.

Transparence : La transparence dans la modélisation du comportement de l'IA implique de rendre le processus de prise de décision compréhensible et interprétable. Les utilisateurs doivent être en mesure de comprendre comment les modèles d'IA font des prédictions et des recommandations, favorisant ainsi la confiance et la responsabilisation.

Étude de cas : biais dans les algorithmes de recrutement

Les algorithmes de recrutement et de sélection peuvent présenter des biais liés au sexe, à l'origine ethnique ou à d'autres facteurs. Pour remédier à ces biais, il faut mettre en œuvre des audits d'équité, utiliser des données de formation diversifiées et veiller à ce que les pratiques de recrutement soient équitables.

IA sociale : naviguer dans les interactions et les relations

L'IA sociale fait référence aux systèmes d'IA conçus pour interagir avec les humains de manière

manière socialement consciente. Ces systèmes visent à comprendre et à répondre aux émotions humaines, aux styles de communication et aux contextes sociaux.

Le rôle de l'IA dans les interactions sociales et la communication

L'IA joue un rôle important dans les interactions sociales en facilitant la communication et en améliorant l'expérience utilisateur. Les domaines clés incluent :

Assistants virtuels : les assistants virtuels comme Siri, Alexa et Google Assistant utilisent l'IA pour comprendre et répondre aux requêtes des utilisateurs. Ces assistants fournissent des informations, effectuent des tâches et engagent des conversations, améliorant ainsi le confort et l'accessibilité des utilisateurs.

Médias sociaux : les algorithmes d'IA sélectionnent le contenu et recommandent des publications en fonction des interactions et des préférences des utilisateurs. Ces algorithmes analysent le comportement sur les médias sociaux pour proposer un contenu pertinent et attrayant aux utilisateurs.

Reconnaissance des émotions : les systèmes d'IA peuvent analyser les expressions faciales, le ton de la voix et le langage corporel pour reconnaître

émotions. La reconnaissance des émotions améliore les interactions en permettant à l'IA de réagir avec empathie et de manière appropriée. Étude de cas : Replika – Compagnon IA Replika est un chatbot alimenté par l'IA conçu pour fournir un soutien émotionnel et une compagnie. Le système utilise le traitement du langage naturel et l'apprentissage automatique pour engager des conversations significatives et offrir des réponses personnalisées en fonction des interactions des utilisateurs.

Les assistants virtuels et l'essor de l'intelligence artificielle sociale

Le développement d'une IA socialement intelligente vise à créer des systèmes capables de comprendre et de gérer des dynamiques sociales complexes. Les principaux aspects incluent :

IA conversationnelle : les systèmes d'IA conversationnelle sont conçus pour engager des dialogues naturels et cohérents avec les utilisateurs. Ces systèmes utilisent des modèles de langage avancés pour générer des réponses contextuellement adaptées et maintenir le flux de conversation.

Personnalisation : les systèmes d'IA socialement intelligents personnalisent les interactions en fonction des préférences, de l'historique et du contexte de l'utilisateur. Cette personnalisation améliore l'expérience utilisateur en adaptant les réponses et les recommandations aux besoins individuels.

Comportement adaptatif : les systèmes d'IA adaptent leur comportement en fonction des commentaires et des interactions des utilisateurs. Par exemple, les assistants virtuels peuvent ajuster leur ton, leur langage et leur style en fonction des préférences et des signaux émotionnels des utilisateurs.

Étude de cas : Cortana de Microsoft : Cortana de Microsoft est un assistant virtuel qui s'intègre aux services et appareils Microsoft. Les capacités conversationnelles de Cortana incluent la definition Rappels, réponses aux questions et recommandations. L'assistant s'adapte aux préférences de l'utilisateur et apprend des interactions pour améliorer ses réponses au fil du temps.

Défis et opportunités dans la création d'une IA socialement responsable

Créer une IA socialement responsable présente à la fois des défis et des opportunités :

Défis :

- Sensibilité culturelle : les systèmes d'IA doivent tenir compte des différences culturelles et des normes sociales. Il est essentiel de veiller à ce que les interactions de l'IA soient culturellement appropriées et respectueuses pour une adoption mondiale.

- Problèmes de confidentialité : les systèmes d'IA socialement responsables peuvent collecter des informations sensibles sur les utilisateurs. Il est essentiel de trouver un équilibre entre la personnalisation et les considérations de confidentialité pour maintenir la confiance des utilisateurs.

- Biais et équité : veiller à ce que les systèmes d'IA traitent tous les utilisateurs de manière équitable et sans parti pris constitue un défi de taille. La lutte contre les biais dans l'IA sociale implique une collecte de données diversifiée et des tests rigoureux.

Opportunités :

- Expérience utilisateur améliorée : l'IA socialement consciente peut fournir des interactions plus engageantes et plus satisfaisantes en comprenant les besoins et les préférences des utilisateurs.

- Accessibilité améliorée : les systèmes d'IA peuvent améliorer l'accessibilité pour les personnes handicapées en fournissant des outils d'assistance et de communication personnalisés.

- Soutien empathique : l'IA peut offrir un soutien émotionnel et de la compagnie, en particulier aux personnes souffrant de solitude ou de problèmes de santé mentale.

Étude de cas : Woebot – Chatbot pour la santé mentale

Woebot est un chatbot conçu pour fournir un soutien en matière de santé mentale et de thérapie cognitivo-comportementale (TCC). Le système d'IA engage les utilisateurs dans des conversations pour les aider à gérer le stress et l'anxiété. En utilisant des techniques thérapeutiques fondées sur des preuves, Woebot offre un soutien accessible et empathique.

IA ET ÉCONOMIE COMPORTEMENTALE

L'IA recoupe l'économie comportementale en analysant et en prédisant le comportement économique sur la base d'informations psychologiques et d'approches basées sur les données.

L'intersection entre l'IA et le comportement économique

L'IA améliore l'économie comportementale en fournissant des outils et des méthodes permettant de comprendre et de prédire le comportement économique. Les domaines clés incluent :

Analyse du comportement des consommateurs : les modèles d'IA analysent le comportement des consommateurs pour identifier les tendances et les préférences. Cette analyse aide les entreprises à adapter leurs stratégies marketing, à optimiser leurs prix et à améliorer leurs offres de produits.

Prédiction des tendances du marché : les systèmes d'IA prédisent les tendances du marché en analysant les indicateurs économiques, les données du marché et le comportement des consommateurs. Ces prévisions aident les investisseurs, les entreprises et les décideurs politiques à prendre des décisions éclairées.

Informations comportementales : l'IA permet de comprendre comment les facteurs psychologiques influencent les décisions économiques. Par exemple, les modèles d'IA peuvent identifier comment les biais, les heuristiques et les émotions influent sur les choix des consommateurs.

Étude de cas : Recommandations personnalisées d'Amazon
Le moteur de recommandation d'Amazon utilise l'IA pour analyser le comportement et les préférences des consommateurs. Le système fournit

recommandations de produits personnalisées en fonction de l'historique de navigation, des habitudes d'achat et des interactions des utilisateurs. Cette personnalisation stimule les ventes et améliore l'expérience d'achat.

Prédire le comportement des consommateurs grâce à l'IA

L'IA prédit le comportement des consommateurs en analysant les données historiques et en identifiant les tendances et les modèles. Les principales méthodes incluent :

Analyse prédictive : l'analyse prédictive utilise des algorithmes d'apprentissage automatique pour prévoir le comportement futur des consommateurs en fonction des données passées. Par exemple, les modèles d'IA prédisent les produits qu'un client est susceptible d'acheter en fonction de son historique de navigation et de ses habitudes d'achat.

Segmentation et ciblage : l'IA segmente les consommateurs en groupes distincts en fonction de leur comportement, de leurs données démographiques et de leurs préférences. Cette segmentation permet un marketing ciblé et des offres personnalisées qui trouvent un écho auprès de segments de clientèle spécifiques.

Analyse des sentiments : l'analyse des sentiments consiste à analyser les réseaux sociaux et les avis en ligne pour évaluer le sentiment et les opinions des consommateurs. Les modèles d'IA identifient les sentiments positifs, négatifs et neutres, offrant ainsi des informations sur les perceptions et les préférences des consommateurs.

Étude de cas : recommandations de contenu de Netflix

Netflix utilise l'IA pour recommander des films et des séries TV en fonction des préférences et de l'historique de visionnage des utilisateurs. Le moteur de recommandation analyse les modèles de comportement des utilisateurs, tels que le temps de visionnage et les notes, pour suggérer du contenu pertinent.

Cette approche personnalisée améliore la satisfaction et l'engagement des utilisateurs.

Comment l'IA transforme les marchés financiers et les tendances de consommation

L'IA révolutionne les marchés financiers et les tendances de consommation en fournissant des outils et des informations avancés pour la prise de décision et l'analyse.

Trading algorithmique : le trading algorithmique basé sur l'IA utilise des algorithmes d'apprentissage automatique pour exécuter des transactions en fonction des données de marché en temps réel. Ces algorithmes analysent les tendances du marché, exécutent les transactions aux moments optimaux et minimisent l'intervention humaine.

Détection et prévention des fraudes : les systèmes d'IA détectent et préviennent les fraudes financières en analysant les schémas de transaction et en identifiant les anomalies. Les modèles d'apprentissage automatique identifient les activités suspectes et signalent les fraudes potentielles, améliorant ainsi la sécurité et réduisant les pertes financières.

Analyse des tendances de consommation : l'IA analyse les tendances de consommation en examinant les données provenant de diverses sources, notamment les réseaux sociaux, les avis en ligne et l'historique des achats. Cette analyse aide les entreprises à identifier les tendances émergentes, à comprendre les préférences des consommateurs et à adapter leurs stratégies.

la plateforme COiN de JPMorgan Chase

COiN (Contract Intelligence) de JPMorgan Chase utilise l'IA pour analyser les documents juridiques et les contrats. La plateforme extrait des informations clés et identifie les opportunités potentielles problèmes, en rationalisant les processus juridiques et en réduisant le temps d'examen manuel.

PARTIE 3 : CONCEPTS AVANCÉS ET ORIENTATIONS FUTURES

Adaptation comportementale : l'IA apprend de son environnement

L'intelligence artificielle (IA) se caractérise de plus en plus par sa capacité à s'adapter et à évoluer en fonction des interactions avec son environnement. Cette capacité est essentielle pour les systèmes d'IA fonctionnant dans des environnements dynamiques et complexes. Dans cette section, nous explorerons la manière dont les systèmes d'IA évoluent et s'adaptent, le rôle de l'apprentissage continu et examinerons des études de cas d'IA adaptative dans divers contextes.

Comment les systèmes d'IA évoluent et s'adaptent au fil du temps

Les systèmes d'IA, notamment ceux qui utilisent des techniques d'apprentissage automatique et d'apprentissage par renforcement, sont conçus pour évoluer et s'adapter grâce à une interaction continue avec leur environnement. Cette adaptabilité est essentielle pour gérer les conditions changeantes et améliorer les performances au fil du temps.

1. Processus d'apprentissage dynamique : les systèmes d'IA évoluent grâce à des processus d'apprentissage dynamique qui leur permettent d'ajuster leur comportement en fonction de nouvelles données et expériences. Par exemple, un système de

recommandation met continuellement à jour son modèle à mesure qu'il reçoit de nouvelles interactions utilisateur, affinant ses suggestions pour mieux correspondre aux préférences de l'utilisateur.

2. Apprentissage incrémental : l'apprentissage incrémental, également appelé apprentissage en ligne, permet aux systèmes d'IA de s'adapter progressivement en intégrant de nouvelles données sans avoir à tout réapprendre. Cette approche est particulièrement utile dans les environnements où les données changent constamment. Par exemple, un système d'IA utilisé dans le trading financier peut s'adapter aux fluctuations du marché en apprenant progressivement à partir de données de trading récentes.

3. Apprentissage par transfert : l'apprentissage par transfert permet aux systèmes d'IA de tirer parti des connaissances acquises dans une tâche ou un domaine pour améliorer les performances dans une autre tâche connexe. Cette technique aide les systèmes d'IA à s'adapter plus efficacement à de nouveaux environnements en s'appuyant sur les connaissances acquises précédemment. Par exemple, un modèle formé à la reconnaissance d'images dans un domaine peut être adapté pour reconnaître des objets dans un contexte différent grâce à l'apprentissage par transfert.

4. Algorithmes évolutionnaires : les algorithmes évolutionnaires imitent les processus de sélection naturelle pour faire évoluer les modèles d'IA au fil du temps. Ces algorithmes utilisent des mécanismes tels que la mutation, le croisement et la sélection pour améliorer les modèles de manière itérative. Les algorithmes évolutionnaires sont utilisés dans les problèmes d'optimisation où l'espace de recherche

est vaste et complexe, comme dans la conception d'architectures de réseaux neuronaux ou l'optimisation d'hyperparamètres.

Le rôle de l'apprentissage continu dans la définition du comportement de l'IA

L'apprentissage continu est un facteur essentiel pour façonner le comportement de l'IA, permettant aux systèmes de rester pertinents et efficaces dans des environnements changeants. Cette approche implique une mises à jour et améliorations des modèles d'IA basées sur de nouvelles données et expériences.

1. Apprentissage en ligne : les algorithmes d'apprentissage en ligne traitent les données de manière séquentielle, en mettant à jour le modèle de manière incrémentielle à mesure que de nouvelles données arrivent. Cette approche permet aux systèmes d'IA de s'adapter aux nouvelles tendances et aux nouveaux modèles sans nécessiter de recyclage complet. Par exemple, un algorithme d'apprentissage en ligne peut mettre à jour en continu un filtre anti-spam pour reconnaître les nouveaux types de menaces par courrier électronique.

2. Taux d'apprentissage adaptatif : les taux d'apprentissage adaptatif ajustent la vitesse à laquelle un modèle d'IA apprend à partir de nouvelles données. Cette technique permet d'équilibrer la nécessité d'intégrer de nouvelles informations tout en conservant les connaissances acquises précédemment. Par exemple, les taux d'apprentissage adaptatif peuvent être utilisés dans les réseaux neuronaux pour garantir que le modèle met à jour ses pondérations de manière efficace pendant l'entraînement.

3. Apprentissage continu : l'apprentissage continu fait référence à la capacité des systèmes d'IA à apprendre et à s'adapter en permanence tout au long de leur cycle de vie. Cette approche permet aux systèmes d'IA d'accumuler des connaissances et des compétences au fil du temps, améliorant ainsi leurs performances et leur polyvalence. L'apprentissage continu est essentiel pour les applications où les systèmes d'IA doivent gérer un large éventail de tâches et d'environnements.

4. Apprentissage auto-supervisé : l'apprentissage auto-supervisé consiste à entraîner des modèles d'IA à l'aide de données non étiquetées en générant des signaux de supervision à partir des données elles-mêmes. Cette approche permet aux systèmes d'IA d'apprendre des représentations et des modèles sans nécessiter de vastes ensembles de données étiquetées. L'apprentissage auto-supervisé est particulièrement utile dans les domaines où les données étiquetées sont rares ou coûteuses à obtenir.

Études de cas d'IA adaptative dans des environnements dynamiques

1. Véhicules autonomes : les véhicules autonomes sont de parfaits exemples de systèmes d'IA adaptatifs qui fonctionnent dans des environnements dynamiques. Ces véhicules s'adaptent en permanence aux conditions routières, aux schémas de circulation et aux comportements des conducteurs. Des algorithmes et des capteurs avancés permettent aux véhicules autonomes de prendre des décisions en temps réel, comme ajuster la vitesse, changer de voie et contourner les obstacles.

2. Marketing personnalisé : les systèmes d'IA utilisés dans le marketing personnalisé s'adaptent en permanence au comportement et aux préférences des utilisateurs. Par exemple, les plateformes de publicité en ligne utilisent des algorithmes adaptatifs pour optimiser le ciblage et le placement des publicités en fonction des interactions des utilisateurs et des indicateurs d'engagement. Ces systèmes affinent leurs recommandations pour accroître la pertinence et l'efficacité.

3. Systèmes de maison intelligente : les systèmes de maison intelligente, tels que les assistants vocaux et les commandes domotiques automatisées, s'adaptent aux habitudes et aux préférences des utilisateurs au fil du temps. Ces systèmes apprennent des interactions des utilisateurs et ajustent leur comportement pour offrir des expériences plus personnalisées. Par exemple, un thermostat intelligent peut apprendre les préférences de température d'un foyer et ajuster les paramètres de chauffage et de climatisation en conséquence.

4. Diagnostic médical : les systèmes d'IA utilisés dans le diagnostic médical s'adaptent aux nouvelles données et à l'évolution des connaissances médicales. Par exemple, les outils de diagnostic qui analysent les images médicales peuvent améliorer leur précision à mesure qu'ils traitent davantage d'images et tirent des enseignements des commentaires des experts. Ces systèmes peuvent s'adapter à de nouveaux types

des maladies et des techniques d'imagerie, améliorant ainsi leurs capacités de diagnostic.

L'IA DANS LES SYSTÈMES AUTONOMES : LE COMPORTEMENT EN MOUVEMENT

Les systèmes autonomes, notamment les véhicules, les drones et les robots, représentent certaines des applications les plus avancées de l'IA. Ces systèmes s'appuient sur des algorithmes sophistiqués pour afficher des comportements complexes et prendre des décisions en temps réel dans des environnements dynamiques. Cette section explore les modèles comportementaux des systèmes autonomes, les processus de prise de décision et l'avenir de l'autonomie de l'IA.

Modèles de comportement dans les véhicules autonomes, les drones et la robotique

1. Véhicules autonomes : les véhicules autonomes utilisent l'IA pour naviguer et prendre des décisions de conduite en temps réel. Ces véhicules s'appuient sur une combinaison de capteurs, de caméras et d'algorithmes d'apprentissage automatique pour interpréter leur environnement et prendre des décisions. Les modèles comportementaux des véhicules autonomes comprennent le maintien de la trajectoire, le régulateur de vitesse adaptatif et l'évitement des obstacles. Par exemple, le système Autopilot de Tesla utilise l'apprentissage profond pour analyser les données des capteurs et prendre des décisions de conduite, comme ajuster la vitesse et changer de voie.

2. Drones : Les drones utilisent l'IA pour effectuer des tâches telles que la surveillance aérienne, la livraison et la

cartographie. Les algorithmes d'IA permettent aux drones de naviguer dans des environnements complexes, d'éviter les obstacles et d'accomplir des missions de manière autonome. Les modèles comportementaux des drones comprennent la planification de trajectoire, l'évitement des collisions et les ajustements en temps réel en fonction des changements environnementaux. Par exemple, les drones de livraison utilisent l'IA pour optimiser les trajectoires de vol et éviter les obstacles lors de la livraison des colis.

3. Robotique : les applications robotiques, telles que les robots industriels et les robots de service, s'appuient sur l'IA pour effectuer des tâches et interagir avec leur environnement. Les modèles comportementaux des robots incluent la manipulation d'objets, la navigation et l'interaction homme-robot. Par exemple, les robots collaboratifs (cobots) utilisés dans la fabrication adaptent leur comportement en fonction des tâches effectuées et de la présence d'opérateurs humains.

Prise de décision et résolution de problèmes en temps réel

1. Prise de décision en temps réel : les systèmes autonomes doivent prendre des décisions en temps réel en fonction de conditions en évolution rapide. Les algorithmes d'IA utilisés dans ces systèmes incluent le traitement des données en temps réel, les arbres de décision et l'apprentissage par renforcement. La prise de décision en temps réel implique le traitement des données des capteurs, la prévision des résultats et la sélection des actions qui permettent d'atteindre les objectifs souhaités.

2. Techniques de résolution de problèmes : les systèmes autonomes utilisent des techniques de résolution de problèmes pour relever les défis et atteindre les objectifs. Des techniques telles que les algorithmes de planification, les méthodes d'optimisation et la recherche heuristique sont utilisées pour résoudre des problèmes complexes. Par exemple, l'algorithme de planification de trajectoire d'un véhicule autonome détermine l'itinéraire optimal pour traverser un scénario de circulation tout en évitant les obstacles.

3. Contrôle adaptatif : Les techniques de contrôle adaptatif permettent aux systèmes autonomes d'ajuster leur comportement en fonction des retours d'information et des conditions changeantes. Ces techniques impliquent modifier les paramètres et les stratégies de contrôle pour améliorer les performances du système. Par exemple, le contrôle adaptatif en robotique permet aux robots d'ajuster leurs mouvements en fonction des variations de l'environnement ou des exigences de la tâche.

L'avenir de l'autonomie et du comportement de l'IA dans des environnements complexes

1. Autonomie améliorée : L'avenir de l'autonomie passe par l'amélioration des algorithmes et des technologies d'IA pour gérer des environnements et des tâches de plus en plus complexes. Cela implique d'améliorer la capacité des systèmes autonomes à fonctionner dans des conditions imprévisibles, telles que des conditions météorologiques extrêmes ou des environnements urbains dynamiques. Une autonomie améliorée permettra des applications plus sophistiquées, telles

que la mobilité aérienne urbaine autonome et les missions avancées de recherche et de sauvetage.

2. Collaboration homme-IA : les évolutions futures du comportement de l'IA se concentreront sur l'amélioration de la collaboration entre les humains et les systèmes autonomes. Cela comprend l'amélioration de la communication, de la coordination et de la confiance entre les opérateurs humains et les systèmes d'IA. La collaboration homme-IA sera cruciale pour les applications où les systèmes autonomes travaillent aux côtés d'équipes humaines, comme dans les domaines de la santé, de la réponse aux catastrophes et de l'automatisation industrielle.

3. Considérations éthiques et réglementaires : Le développement des systèmes autonomes nécessitera de prendre en compte des considérations éthiques et réglementaires. Cela implique de garantir la sécurité, la responsabilité et la transparence du comportement de l'IA. L'élaboration de normes et de réglementations pour les systèmes autonomes sera essentielle pour gérer les risques et promouvoir une utilisation responsable de la technologie.

ÉTHIQUE DES MODÈLES COMPORTEMENTAUX DE L'IA

À mesure que les systèmes d'IA s'intègrent de plus en plus dans la société, les considérations éthiques entourant le comportement de l'IA deviennent de plus en plus importantes. Cette section explore les implications morales des comportements induits par l'IA, la responsabilité des actions de l'IA et le besoin de transparence et de confiance dans les systèmes d'IA.

Les implications morales des comportements induits par l'IA

1. Prise de décision éthique : les systèmes d'IA qui prennent des décisions ayant un impact sur les individus ou la société doivent respecter des principes éthiques. Cela implique notamment de veiller à ce que les décisions soient justes, impartiales et respectueuses des droits de l'homme. Par exemple, les systèmes d'IA utilisés dans la justice pénale doivent éviter de renforcer les préjugés existants et veiller à ce que leurs décisions n'entraînent pas un traitement injuste des individus.

2. Confidentialité et sécurité : les comportements de l'IA impliquant le traitement de données personnelles doivent répondre aux préoccupations en matière de confidentialité et de sécurité. Il est essentiel de veiller à ce que les systèmes d'IA protègent les informations sensibles et respectent les réglementations en matière de protection des données pour maintenir la confiance du public. Cela implique de mettre en

œuvre des mesures de sécurité solides et d'assurer la transparence sur l'utilisation des données.

3. Responsabilité des résultats : les implications morales des comportements induits par l'IA impliquent également de s'attaquer à la responsabilité des résultats des décisions de l'IA. Cela implique de déterminer qui est responsable lorsque les systèmes d'IA causent des dommages ou commettent des erreurs. L'établissement de cadres et de mécanismes de responsabilisation clairs pour traiter les problèmes est essentiel pour un déploiement éthique de l'IA.

Responsabilité de l'IA : qui est responsable des actions de l'IA ?

1. Définition de la responsabilité : la responsabilité des actions menées dans le domaine de l'IA implique d'identifier les personnes ou entités responsables de la conception, du développement et du déploiement des systèmes d'IA. Cela implique de s'assurer que les systèmes d'IA fonctionnent comme prévu et de résoudre les problèmes qui surviennent. Les cadres de responsabilité doivent définir les rôles et responsabilités, notamment ceux des développeurs, des opérateurs et des organisations.

2. Cadres juridiques et réglementaires : les cadres juridiques et réglementaires sont essentiels pour établir la responsabilité des actions de l'IA. Cela implique l'élaboration de lois et de réglementations qui traitent des questions de responsabilité, de sécurité et d'éthique. Par exemple, les réglementations peuvent obliger les organisations à effectuer des évaluations d'impact et à s'assurer que les systèmes d'IA sont conformes aux normes de sécurité.

3. Supervision éthique : La supervision éthique implique la mise en place de mécanismes permettant d'évaluer et de traiter les préoccupations éthiques liées au comportement de l'IA. Cela comprend la création de comités d'éthique, la réalisation d'audits réguliers et l'implication de diverses parties prenantes dans les processus décisionnels. La supervision éthique garantit que les systèmes d'IA sont conformes aux valeurs et aux principes de la société.

Assurer la transparence et la confiance dans les systèmes d'IA

1. Transparence dans la prise de décision de l'IA : la transparence implique de fournir des explications claires sur la manière dont les systèmes d'IA prennent des décisions et traitent les données. Cela comprend la divulgation d'informations sur les algorithmes, les sources de données et les processus de prise de décision. La transparence contribue à instaurer la confiance et permet aux utilisateurs de comprendre et de contester les décisions de l'IA.

2. Explicabilité : L'explicabilité fait référence à la capacité des systèmes d'IA à fournir des explications compréhensibles de leurs décisions et actions. Des techniques telles que l'interprétabilité des modèles et la génération d'explications sont utilisées pour améliorer l'explicabilité. Par exemple, fournir des informations sur la manière dont un système de recommandation parvient à une suggestion spécifique peut améliorer la confiance des utilisateurs.

3. Engagement du public : il est essentiel d'impliquer le public dans les discussions sur le comportement et l'éthique de l'IA pour favoriser la confiance et répondre aux préoccupations.

Cela implique d'impliquer les parties prenantes dans le processus de développement, de mener des consultations publiques et de fournir des ressources pédagogiques sur la technologie de l'IA et ses implications.

L'IA ET L'AVENIR DE L'INTERACTION HOMME-IA

À mesure que la technologie de l'IA continue d'évoluer, la relation entre les humains et les systèmes d'IA va subir des changements importants. Cette section explore les prévisions concernant la prochaine vague de comportements de l'IA, l'évolution de la relation entre les humains et l'IA et les étapes nécessaires pour préparer la société au rôle croissant de l'IA.

Prédictions pour la prochaine vague de comportements de l'IA

1. Personnalisation améliorée : les futurs systèmes d'IA disposeront de capacités de personnalisation améliorées, adaptant les expériences et les interactions en fonction des préférences et des comportements individuels. Cela comprend la fourniture de recommandations plus pertinentes, de contenu personnalisé et d'interfaces adaptatives qui répondent aux besoins des utilisateurs.

2. Collaboration avancée entre l'homme et l'IA : la prochaine vague de comportements de l'IA impliquera des formes plus avancées de collaboration entre l'homme et l'IA. Cela comprend le développement de systèmes d'IA qui fonctionnent de manière transparente avec des équipes humaines, améliorant ainsi la productivité et la prise de décision. Les exemples incluent les robots collaboratifs dans la fabrication et les outils créatifs assistés par l'IA.

3. Intelligence émotionnelle : les systèmes d'IA feront de plus en plus preuve d'intelligence émotionnelle, leur permettant de reconnaître et

Réagir aux émotions humaines. Cela comprend le développement d'interactions empathiques et la fourniture d'un soutien dans des domaines tels que la santé mentale et le service à la clientèle.

L'évolution des relations entre les humains et l'IA

1. Intégration dans la vie quotidienne : les systèmes d'IA s'intégreront de plus en plus dans la vie quotidienne, influençant divers aspects tels que le travail, l'éducation et le divertissement. Cette intégration nécessitera de s'adapter à de nouvelles interactions et de comprendre l'impact de l'IA sur les environnements personnels et professionnels.

2. Collaboration homme-IA dans la prise de décision : la collaboration entre humains et IA dans la prise de décision deviendra plus courante. Cela comprend l'utilisation de l'IA pour soutenir des décisions complexes, améliorer la résolution de problèmes et fournir des informations dans des domaines tels que la santé, la finance et la gouvernance.

3. Gestion des impacts sociétaux : se préparer au rôle croissant de l'IA implique de gérer les impacts sociétaux, tels que les changements dans l'emploi, l'éducation et la dynamique sociale. Cela implique d'élaborer des stratégies pour gérer les transitions et garantir que les bénéfices de l'IA soient répartis équitablement.

Préparer la société au rôle croissant de l'IA dans la vie quotidienne

1. Éducation et formation : Il est essentiel de fournir une éducation et une formation sur la technologie de l'IA pour préparer la société à son rôle croissant. Cela comprend l'élaboration de programmes d'études couvrant les fondamentaux de l'IA, les considérations éthiques et les aspects pratiques. applications. L'éducation aidera les individus à comprendre et à gérer l'impact de l'IA sur leur vie et leur carrière.

2. Politique et réglementation : il est essentiel d'élaborer des politiques et des réglementations qui tiennent compte de l'impact de l'IA pour garantir un déploiement responsable et éthique. Cela implique de créer des cadres pour la confidentialité des données, la responsabilité algorithmique et la sécurité publique. Les décideurs politiques doivent collaborer avec les experts et les parties prenantes pour élaborer des réglementations efficaces et équilibrées.

3. Sensibilisation du public : il est important de sensibiliser davantage le public à la technologie de l'IA et à ses implications pour favoriser des discussions et des prises de décision éclairées. Les campagnes de sensibilisation du public, la sensibilisation des communautés et les initiatives de transparence peuvent aider les individus à comprendre les avantages et les risques de l'IA.

CONCLUSION

Alors que nous terminons notre exploration du monde des modèles comportementaux de l'IA, il devient évident que la compréhension de ces modèles n'est pas seulement un exercice académique, mais un élément essentiel pour exploiter efficacement l'IA dans l'entrepreneuriat. Tout au long de ce livre, nous avons étudié en profondeur la manière dont l'IA se comporte, apprend et s'adapte, et comment ces comportements peuvent être exploités pour stimuler l'innovation et la réussite en entreprise. Nous avons commencé par examiner les principes fondamentaux de l'IA, en soulignant son potentiel à transformer les industries en analysant les données, en faisant des prédictions et en automatisant des tâches complexes. Les modèles comportementaux de l'IA, de la reconnaissance de modèles à l'apprentissage adaptatif, nous ont montré que l'IA n'est pas seulement un outil, mais un système dynamique capable d'évoluer et de s'améliorer au fil du temps. En explorant des études de cas et des applications spécifiques, nous avons vu comment les entreprises de toutes tailles appliquent l'IA pour obtenir un avantage concurrentiel. Que ce soit par le biais d'analyses prédictives, d'expériences client personnalisées ou d'efficacité opérationnelle, la capacité de l'IA à reconnaître et à répondre aux modèles s'est avérée inestimable. Cependant, il est crucial de reconnaître qu'un grand pouvoir implique de grandes responsabilités. Les considérations éthiques et les biais potentiels inhérents aux systèmes d'IA doivent être pris en compte pour garantir que l'IA soit utilisée d'une manière qui profite à toutes les parties prenantes. En tant qu'entrepreneurs, nous devons être vigilants dans la conception et le déploiement de solutions d'IA qui soient équitables, transparentes et conformes à nos valeurs.

www.ingramcontent.com/pod-product-compliance
Lightning Source LLC
Chambersburg PA
CBHW070209230526
45471CB00002B/886